헌 신

네비게이토 선교회는
국제적이며 복음적인 기독교 기관이다.
예수 그리스도께서는 자기를 따르는 자들에게
"너희는 가서 모든 족속으로 제자를 삼으라"
(마태복음 28:19)는 지상사명을 주셨다.
네비게이토 선교회는 세계 모든 국가에서
예수 그리스도의 일꾼들을 배가시켜
이 지상사명의 성취를 돕는 것을
근본 목표로 하고 있다.

네비게이토 출판사는
네비게이토 선교회의 문서 선교를 담당하고 있다.
본 출판사에서는 그리스도인의 영적 성장을 돕는
서적과 자료들을 출판하여,
그리스도인의 삶의 기초가 견고한
헌신된 제자로 성장하게 하고,
나아가 성숙한 인격과 지도력을 갖춘
일꾼이 되도록 돕고 있다.

헌 신

로버트 보드만

차 례

들어가는 말 ················· 7

저자 소개 ················· 9

헌 신 ················· 11

왜 헌신해야 하는가 ················· 17

무엇에 헌신해야 하는가 ················· 21

묵상 및 적용 ················· 33

들어가는 말

헌신된 사람은 무엇인가를 해낼 수 있다는 것을 우리는 역사를 통해서 많이 보아 왔습니다. 성경에 나오는 믿음의 사람들로부터 오늘날의 하나님의 사람들에 이르기까지 진실로 헌신된 사람들은 무엇인가를 해낸다는 증거는 얼마든지 있습니다.

주님께 대한 당신의 헌신을 살펴보십시오. 혹 부족한 면이 있습니까? 당신의 헌신은 현재와 미래에 있을 어떤 고난이라도 능히 감당할 만큼 강한 것입니까? 당신의 헌신은 모든 족속으로 제자를 삼으라는 그리스도의 지상사명을 수행하는 데 있어서 자신의 역할을 감당할 만큼 강한 것입니까?

저자 소개

로버트 보드만은 일본에 선교사로 파송되어, 영적 황무지 같은 일본에서 네비게이토 사역을 개척한 귀한 주님의 일꾼입니다. 그는 2차 대전 중 일본과의 전투에서 일본군의 총알이 목을 관통하는 중상을 입어 정상인과 같은 목소리를 낼 수가 없게 되었습니다. 그럼에도 1951년 일본에 선교사로 파송되어 1985년까지 오랜 세월을 일본 선교에 자신을 바쳤으며, 한국 네비게이토 사역에도 많은 기여를 했습니다.

헌 신

전적인 헌신, 이것은 이 시대의 요청입니다. 당신은 주 하나님께 전적으로 헌신된 사람을 알고 계십니까? 누가 마음에 떠오릅니까? 성경에서 예를 든다면, 나의 마음에는 세례 요한이 제일 먼저 떠오릅니다. 그는 아무 기적도 행하지 않았지만, 예수님께서는 그를 일컬어 모든 선지자 중에 가장 위대한 자라고 하셨습니다.

그는 그리스도를 위하여 길을 예비하는 일에 전적으로 헌신하였습니다. 그는 회개를 전파하고 매우 검소하게 살며 그리스도를 높이고 그리스도의 선교 사역을 설명하여 주는 일에 자신을 온전히 드렸습니다. 의의 설교자였던 그는 헤롯 왕의 부도덕한 행위를 꾸짖음으로써 죽임을 당했습니다.

하나님께 전적으로 헌신한 또 한 사람은 다윗이었습니다. 그는 비록 허물과 죄가 있는 인물이었지만, 하나님께서는 다윗에 대하여 "내 마음에 합한 사람이라. 내 뜻을 다 이루게 하리라"(사도행전 13:22 참조)고 하셨습니다.

다윗의 헌신된 삶의 특징은 다음과 같습니다.

- 그는 일개 소년으로서 양을 돌보고, 또 블레셋과 전투 중인 형들에게 식량을 갖다 줌으로써 섬김을 배운 종이었습니다.

- 그는 복수심에 불타지 않았습니다. 그를 추격하는 사울 왕을 죽일 기회가 몇 차례 있었지만, 그렇게 하지 않았습니다. 그는 그의 동지들이 준 선의의 충고도 거절하고 이런 결정을 내렸습니다.

- 그는 적뿐 아니라 친구들의 비방도 받아들이는 법을 배웠습니다.

- 그가 지은 많은 시편이 말해 주듯이, 그의 마음과 생각은 하나님의 말씀으로 흘러 넘쳤습니다.

- 마지막으로, 다윗은 자기가 죄인이라는 것을 알고 있었습니다.

현대 문화의 두드러진 특징 중의 하나는 대량 생산에 대한 우리의 능력과 욕망입니다. 제자삼는 사역에까지 '대량 생산 방식'을 도입하려는 생각을 갖기 쉽습니다. 그러나 제자를 삼는 일은 대량 생산 방식으로는 불가능합니다. 제자들은 대량으로 생산되는 것이 아니라 훈련을 통해서 하나하나 만들어집니다. 각 개인이 하나님의 성령의 능력에 의하여 개별적으로 다듬어지고 훈련되는 것입니다. 그리고 한 사람의 제자가 길러지기까지 얼마나 많은 시간과 노력이 드느냐 하는 문제는, 훈련을 받는 그가 어떠한 믿음을 가지고 있느냐, 또는 그가 어떠한 태도로 믿음의 생활을 계속하느냐에 따라 다를 것입니다.

주님께서는 하나님을 경외하고 헌신된 열두 명의 사람들을 대상으로 제자삼는 사역을 시작하셨습니다. 전적으로 헌신된 사람만이 무엇인가를 해낼 수 있습니다. 주님께서는 그들의 훈련과 계발을 위해 자신의 모든 것을 투자하셨습니다.

바울이 데살로니가 성도들에게 사시고 참되신 하나님을 섬기기 위해 우상을 버리고 하나님께로 돌아선 것에 대해 칭찬하였듯이(데살로니가전서 1:9 참조), 참된 헌신은 어떤 것으로 돌아설 뿐 아니라, 어떤 것으로부터 돌아서는 것도 의미합니다.

예수 그리스도의 제자들에게는, 헌신이란 자기 자신을 섬기는 것으로부터 다른 사람을 섬기는 데로 돌아서는 것을 의미합니다. 이는 예수님께서, 으뜸

이 되려는 사람은 모든 사람의 종이 되어야 한다고 말씀하셨기 때문입니다. "너희 중에는 그렇지 아니하니, 너희 중에 누구든지 크고자 하는 자는 너희를 섬기는 자가 되고, 너희 중에 누구든지 으뜸이 되고자 하는 자는 너희 종이 되어야 하리라"(마태복음 20:26-27).

헌신은 교만으로부터 겸손으로 돌아서는 것입니다. 주님께서 보내신 70명이 돌아와서 귀신들이 자기들에게 항복한 이야기를 할 때에도 예수님께서는 그들에게 "귀신들이 너희에게 항복하는 것으로 기뻐하지 말고 너희 이름이 하늘에 기록된 것으로 기뻐하라"(누가복음 10:20)고 말씀하셨습니다. 하나님께서 친히 우리 안에서 우리를 통하여 행하신 일들을 우리가 자랑할 수는 없습니다. 우리는 바울처럼 우리 주 예수 그리스도의 십자가 외에는 자랑해서는 안 됩니다(갈라디아서 6:14 참조).

헌신된 그리스도인으로서 우리는 또한 강퍅한 마

음으로부터 부드러운 마음과 양심으로 돌아서야 합니다. 열두 제자들은 그 마음이 둔하여졌기 때문에 그 마음을 돌이켜야만 했습니다(마가복음 6:52 참조). 바울은 "나는 항상 하나님과 사람 앞에서 양심에 거리낌이 없기를 힘씁니다"(사도행전 24:16 참조)라고 했습니다. 이와 같은 태도가 우리의 바른 표준입니다. 우리의 양심은 우리의 숨은 동기들을 드러내 주는 탐조등이기 때문에, 우리는 일생이 걸린다 해도 이 청결한 양심을 살찌워야만 합니다.

왜 헌신해야 하는가

그러면 우리는 왜 전적으로 헌신해야 합니까? 한 가지 이유는 하나님께서 우리를 사랑하시기 때문입니다. 바울은 로마서를 통해 복음은 사람들을 향한 하나님의 사랑에 관한 소식이라는 것을 가르쳐 줍니다. 우리는 모두 다 죄를 범한 죄인들로서 하나님의 영광에서 떠나 있었습니다(로마서 3:23). 그 죄의 삯은 사망, 곧 영원한 죽음이었습니다(로마서 6:23). 하나님께서는 독생자 예수님을 보내시어 그분을 믿음으로써 아무도 멸망치 않고 영생을 얻을 수 있도록 하셨습니다. 그 까닭은 오직 하나님께서 사람들을 사랑하셨기 때문입니다(요한복음

3:16). 우리가 아직 죄인 되었을 때 그리스도께서 우리 죄를 위하여 죽으심으로 하나님께서 우리에게 대한 자기의 사랑을 확증하셨습니다(로마서 5:8). 의인도 아니요 선인도 아닌 죄인들을 위하여 그리스도께서는 이 땅에 오셨고, 그 죄인들을 위하여 십자가에서 돌아가셨습니다.

이처럼 지극히 크신 하나님의 사랑을 돌아보면서 사도 바울은 다음과 같이 권면합니다. "그러므로 형제들아, 내가 하나님의 모든 자비하심으로 너희를 권하노니, 너희 몸을 하나님이 기뻐하시는 거룩한 산 제사로 드리라. 이는 너희의 드릴 영적 예배니라"(로마서 12:1).

헌신의 또 다른 이유로는 하나님께서는 헌신된 사람들을 통해서 그의 일을 이루시기 때문입니다. "여호와의 눈은 온 땅을 두루 감찰하사 전심으로 자기에게 향하는 자를 위하여 능력을 베푸시나니"(역대하 16:9). 인류 역사에 뚜렷한 발자취를 남겼던 위인들의 생애를 살펴보면, 그들은 무엇엔가 헌신된 사람들이었다는 사실을 발견하게 됩니다. 한 알의 밀이 많은 열매를 맺기 위해서는 반드시 먼저 땅에 떨어져 죽어야 한다(요한복음 12:24 참조)는 자연의 법칙을 통해서도 우리는 이 사실을 깨달을 수 있습니다. 헌신된 무리들을 통해서 하나님의 뜻은 성취될 수 있습니다.

무엇에 헌신해야 하는가

그러면 우리는 무엇에 헌신해야만 합니까? 첫째, 하나님의 말씀에 헌신해야 합니다. 성경은 당신에게 무슨 의미가 있습니까? 성경이 그 무엇보다도 더 귀중합니까?

둘째, 하나님의 뜻에 헌신해야 합니다. 우리는 예수님처럼 "하나님이여, 보시옵소서. 두루마리 책에 나를 가리켜 기록한 것과 같이 하나님의 뜻을 행하러 왔나이다"(히브리서 10:7)라고 말해야 합니다.

셋째, 예수 그리스도께 헌신해야 합니다. 우리가 부르심을 받은 그 일을 사랑하는 것이 아니라 우리를 그분의 일로 부르신 분을 사랑해야 합니다. 예수님을 사랑하고 자기 자신을 그분께 드리는 것, 이것이 순종입니다. 왜냐하면 예수님께서 "너희가 나를 사랑하면 나의 계명을 지키리라"(요한복음 14:15)고 말씀하셨기 때문입니다. 크고 작은 모든 일에 순종함으로써 사랑을 나타낼 때 우리는 예수 그리스도를 사랑한다고 말할 수 있습니다. 우리는 마음을 다하고 힘을 다하고 뜻을 다하여 예수 그리스도를 사랑해야 합니다. 그러나 이것이 쉽지는 않습니다.

다음에 제시된 순종에 이르는 단계들에 비추어 그리스도를 향한 자신의 사랑을 평가해 보면 큰 도움이 될 것입니다.

첫째 단계: "나는 내가 원하는 대로 하겠다. 하나님께서 내게 뭘 원하시는지는 신경 쓰지 않겠다."

둘째 단계: "하나님께서 먼저 내가 원하는 것을 주시면, 나도 하나님께서 원하시는 것을 드리겠다." 유

치하게도 이것을 공평한 거래라는 말로 표현하는 사람이 있을지도 모릅니다. 당신도 하나님과 이렇게 하려고 한 적이 있습니까?

셋째 단계: "하나님께서 원하시는 것을 먼저 드리겠다. 그러면 내가 원하는 것을 하나님께서 주시리라 믿는다."

마지막 단계: "하나님께서 내가 원하는 것을 주시든 안 주시든 관계없이 나는 하나님께서 원하시는 것을 하나님께 드리겠다." 이것이 바로 참된 순종이요 사랑입니다. 당신은 지금 어느 단계에 있습니까?

참된 순종에 이르는 단계:
당신의 태도는 어떤 것입니까?

나는 내가 원하는 대로 하겠다. 하나님께서 내게 뭘 원하시는지는 신경 쓰지 않겠다.

하나님께서 먼저 내가 원하는 것을 주시면, 나도 하나님께서 원하시는 것을 드리겠다.

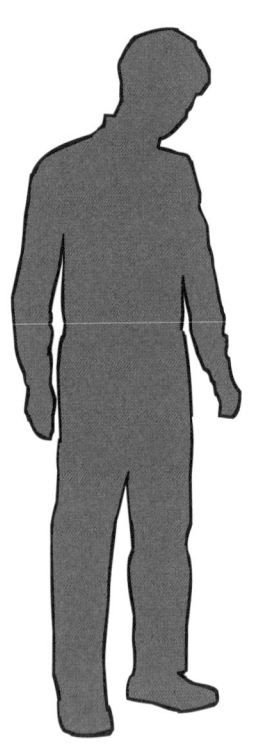
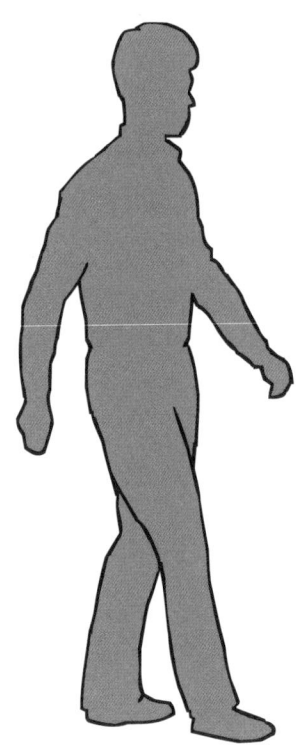

하나님께서 원하시는 것을 먼저 드리겠다. 그러면 내가 원하는 것을 하나님께서 주시리라 믿는다.

하나님께서 내가 원하는 것을 주시든 안 주시든 관계없이 나는 하나님께서 원하시는 것을 하나님께 드리겠다.

우리는 하나님의 말씀에, 하나님의 뜻에, 그리고 예수 그리스도께 헌신해야 합니다. 이것은 또한 예수 그리스도께서 주신 지상사명에의 헌신을 요구할 것입니다. "그러므로 너희는 가서 모든 족속으로 제자를 삼아 아버지와 아들과 성령의 이름으로 세례를 주고, 내가 너희에게 분부한 모든 것을 가르쳐 지키게 하라. 볼지어다. 내가 세상 끝 날까지 너희와 항상 함께 있으리라"(마태복음 28:19-20). 지상사명, 이것은 그리스도께서 이 세상에 계실 때 마지막으로 제자들과 함께 나누신 비전이었습니다. 예수님께서는 이 비전을 부유하거나 권력이 있는 자나 직업적인 종교인들과 나누신 것이 아니라, 자신들의 바로 그 약함 때문에 예수님을 의지할 평범한 사람들과 나누셨습니다. 그들은 주님의 은혜를 얻기에 완전히 합당한 후보자들이었습니다. 당신도 만일 자신이 하나님께서 제자삼는 일에 사용하시기가 어려운 사람이라고 느끼고 있다면 틀림없는 후보자입니다.

예수님의 이 비전은 능력 있는 것이었고, 제자들은 그리스도의 복음을 전할 때 그들의 말과 삶 속에서 이 능력을 나타내게 되었습니다. 예수님께서는 제자들에게 "오직 성령이 너희에게 임하시면 너희가 권능을 받고 예루살렘과 온 유대와 사마리아와 땅 끝까지 이르러 내 증인이 되리라"(사도행전 1:8)고 말씀하셨습니다.

제자들은 이 복음의 메시지를 가지고 어디로 가야 했습니까? 예수님께서는 그들에게 모든 족속으로 제자를 삼으라고 말씀하셨습니다. 그러나 주님께서는 제일 먼저 예루살렘에서, 그 다음 "온 유대와 사마리아와 땅 끝까지 이르러" 이 일을 하라고 말씀하셨습니다. 우리의 예루살렘, 즉 우리의 출발점은 바로 우리가 현재 살고 있는 곳입니다. 당신은 당신 자신의 예루살렘에서 시작해야 합니다. 당신이 바다를 건너 다른 나라로 간다고 해서 선교사가 되는 것은 아닐 것입니다. 당신이 살고 있는 바로 그곳에서 기회를 찾아야 하며, 앞으로 나아가기 전에 먼저 그곳에서 성공해야 합니다.

그러나 결국에는 더 멀리까지 가야 합니다. 빌리 그래함은 최근 현재 복음은 역사상 어느 나라에서보다도 더 널리 미국 전역으로 전파된 것으로 믿는다고 했습니다. 물론 어느 정도는 널리 전파된 것이 사실입니다. 그러나 그리스도의 복음을 땅 끝까지 전파하는 것이 우리의 책임이요 특권입니다.

사도행전 1:8에서 예수님께서 특별히 사마리아를 언급하신 것이 이상하게 보일지도 모릅니다. 예수님께서는 사마리아를 특별히 언급하지 않으면 제자들이 사마리아를 빼놓고 모든 족속으로 갈 것을 알고 계셨습니다. 사마리아는 유대인들에게는 전통적으로 원수의 땅이었기 때문입니다.

나의 사마리아는 일본이었습니다. 나는 2차 대전 중 일본과의 전투에서 중상을 입었습니다. 내가 바로 이 일본으로 가기를 하나님께서 원하고 계신다는 것을 확신하게 되기 4년 전, 나는 복음을 위하여 세계 어느 곳에든지 기꺼이 가기로 헌신하였습니다. 나는 중국, 인도, 아프리카 또는 유럽 등지에 대해서는 생각해 보았지만, 일본은 꿈에도 생각해 본 적이 없었습니다. 나는 하나님께서 사리를 아시며 이치에 맞게 행하시는 분이심을 알고 있었고, 또한 2차 대전 중에 우리는 서로를 충분히 경험했기 때문에 나 자신이 다시는 일본 사람과 가까워지지 않으리라는 것도 알고 있었습니다. 그런데 나는 여러 나라에 선교사로 가기를 자원하였지만 거절되었습니다.

얼마 후 네비게이토 선교회의 지도자들은 특히 바로 그 일본 선교의 문을 여는 것이 나에게 꼭 맞는 일이라고 느끼기 시작했습니다. 그들은 내게 그런 이야기를 꺼냈습니다. 나는 하도 어이가 없어 말문이 막혔습니다. 수주일 동안 이 문제를 가지고 씨름하였습니다. 그러던 중, 어느 모임에서 전쟁 중 일본군의 포로가 되어 감옥에서 고문까지 당했던 사람의 간증을 들었습니다. 전쟁이 끝나고 그는 자기가 감옥에서 하나님께 한 약속을 지키기 위해 복음 선교팀의 일원이 되어 일본으로 갔노라고 했습니다. 이 사람의 간증을 듣고 나는 하나님의 은혜가 그 사람에게 족한 것이었다면 하나님께서는 내게도 똑같은 일을 행하실 수 있을 것이라는 사실을 알게 되었습니다. 나는 나의 사마리아로 가기로 결심했습니다.

당신의 삶 가운데에도 한 사람 혹은 한 무리의 사마리아인이 있을지도 모릅니다. 당신 가족 중의 누구일 수도 있고, 이웃 중의 누구일 수도 있습니다. 다른 민족이나 나라일 수도 있습니다. 그들에게 이르는 열쇠가 고린도후서 5:14에 있습니다. "그리스도의 사랑이 우리를 강권하시는도다. 우리가 생각건대 한 사람이 모든 사람을 대신하여 죽었은즉 모든 사람이 죽은 것이라."

왜 지상사명이라는 이 비전이 그토록 중요합니까? 우리 중 어떤 사람들은 복음이 정죄의 메시지라고 믿기 때문에 다른 사람에게 복음 전하기를 주저할지도 모릅니다. 그러나 그 문제는 요한복음 3:17을 보면 분명해집니다. "하나님이 그 아들을 세상에 보내신 것은 세상을 심판하려 하심이 아니요, 저로 말미암아 세상이 구원을 받게 하려 하심이라." 복음은 이미 정죄받은 사람들에게 희망과 빛을 던져 주는 메시지입니다. 우리는 이미 심판 아래 있는 사람들에게 기쁜 소식을 가지고 가는 것입니다. 그러므로 이 복음의 메시지를 전하려면, 그들이 사탄과 죄의 노예가 되어 잃어버린 바 되고 지옥으로 가고 있다는 사실을 믿어야 합니다.

지상사명은 기도와 희생과 믿음에 의하여 성취될 것입니다. 그리고 우리는 우리 세대에 이 지상사명의 성취를 도울 책임이 있습니다. 당신은 당신의 예루살렘에 있는 사람들뿐 아니라 그 너머에 있는 사람들에게도 복음을 전할 수 있습니다. 당신은 다른 사람의 삶 속에 당신의 삶을 투자하여 제자를 삼을 때 당신 자신을 배가할 수 있습니다.

당신은 모든 자원을 가지고 있습니다. 당신은 필요한 모든 자원과 세계의 가장 빠른 교통수단을 가지고 있습니다. 세계는 당신의 이웃이 되었습니다.

그렇지만 당신은 믿음이 있습니까?

그리고 이 지상사명에 참여하려는 자원하는 마음이 있습니까?

이 사명에 전적으로 헌신합니까?

그렇다면 세계는 당신의 것입니다.

묵상 및 적용

죽음을 앞두고 한 충고

바울은 로마의 감옥에서 사형 집행을 기다리며(디모데후서 4:6) 마지막으로 디모데에게 보내는 둘째 편지를 썼습니다. 이 짧은 편지에서, 바울은 그의 가까운 친구요 동역자요 영적 아들인 디모데에게, 오랜 세월 함께 일하면서 보여 준 본을 따라 일생토록 변치 말고 예수 그리스도께 굳게 헌신한 삶을 살라고 도전합니다.

당신 자신을 이역만리의 감옥에서 영적인 아버지가 쓴 이 편지를 받아 든 디모데라고 상상해 보십시오. 디모데후서를 읽은 후, 다음의 성경 구절을 보고 바울이 말한 내용을 자신의 말로 요약하십시오.

하나님의 말씀에 헌신하라(2:15, 3:14-17)

하나님의 뜻에 헌신하라(1:1, 1:8-12)

그리스도를 사랑하고 순종하는 일에 헌신하라(2:1, 2:4, 2:8)

제자삼는 일에 헌신하라(2:2, 2:10, 4:2)

고난을 참으라(1:8, 2:3, 2:12, 3:10-12)

또 당신이 개인적으로 이 편지를 받았다고 상상해 보십시오. 주님께 헌신하라는 바울의 도전에 무슨 말로 대답하겠습니까? 바울에게 간단한 답장을 써보십시오.

하나님께서 주신

비전에 드리는 헌신

자신의 꿈을 좇아

꿈을 먹고

자기 꿈에 취한 사람들.

하늘 높은 줄 모르고 뛰어 보지만…

꿈은 공허를 안겨 줄 뿐.

성공하기 위해

쾌락을 얻고 누리기 위해

목표를 향해 뛰는 사람들.

끝없이 달음질은 계속되지만…

남는 건 공허일 뿐.

그러나 주님,

주님께서 내게 주신 비전은,

헛된 자아의 보자기로 나를 휘감아 버릴

성공이나 쾌락을 좇는 비전이 아니요,

나를 삼킬 듯한 세상의

정욕과 교만에 찬 비전은 더더욱 아니오니,

주님을 알아,

주님의 사랑과 구원과 은혜 안에 자라고,

주님의 말씀을 따라

주님을 좇으며,

주님의 성품을 닮아,

주님의 형상으로 새롭게 빚어져,

자신 속에 그쳐 머무르지 않고,

똑같은 비전 가운데

그들을 또 다른 이들 속에 재생산하는,

잃어버린 영혼들에 대한 비전.

주님,

주님께서 내게 이 비전을 주셨사오니,

악의 세력이 나를 둘러쌀지라도,

천둥이 치고 폭풍우가 몰아칠지라도,

우뚝 솟은 산과 같은 장애물이

내 앞길을 가로막을지라도,

세상의 핍박과 환난이 나를 에워쌀지라도,

어두움의 주관자들이 나를 삼키려 든다 할지라도,

나는 용기를 잃거나 약해지지 아니하고,

나는 포기하거나 부인하지 아니하고,

이 비전을 좇아

이 꿈을 먹고,

하늘나라를 위해 사는

이 비전에 사로잡혀 살리니,

내가 사랑으로 주님을 섬기기 때문입니다.

— 어느 선교사

헌신의 위력

제리 화이트 저

온전히 헌신된 사람을 통해서 하나님께서 이루시지 못할 일은 없습니다. 그러나 온전히 헌신하기 위해서는 반드시 치러야 할 값이 있습니다.

기쁨과 승리에 찬 그리스도인의 삶의 비결은 헌신의 삶을 사는 데 있습니다. 지금 결단하십시오. 발걸음을 내디디십시오. 우리의 삶에서 깊은 헌신의 삶을 이행해 나갈 때 참으로 큰 상급이 있습니다. 본서를 통해 지속적인 헌신의 삶을 살기 위한 지침들을 얻으시기 바랍니다.

영적 전쟁의 성서적 원리

리로이 아임스 저

영적 전쟁에서 승리를 가져다주는 만능 전술은 없지만, 헌신된 그리스도인들이 승리의 삶을 살 수 있는 영적 전쟁의 성서적 원리들은 많이 있습니다. 이런 원리를 몇 가지만 든다면 믿음, 순종, 용기, 올바른 우선순위의 설정 등입니다.

저자는 이스라엘 백성이 애굽을 나와 약속의 땅에 정착할 때까지 경험한 것들을 연구하면서 발견한 영적 전쟁의 원리들을 본서에 소개하고 있습니다.

* 네비게이토 소책자 시리즈 *

1. 성경암송을 통하여 주님께로 돌아오다 ················ 도슨 트로트맨
2. 시대의 요청 ··· 도슨 트로트맨
3. 재생산을 위한 출생 ··· 도슨 트로트맨
4. 수레바퀴 예화 ··· 네비게이토
5. 일대일 사역 ··· 잭 그리핀

6. 제자의 특징 ·· 론 쎄니
7. 하나님의 뜻을 아는 법 ·· 러쓰 존스톤
8. 기도의 하루를 보내는 방법 ·· 론 쎄니
9. 기도 응답을 받는 방법 ····································· 제리 브릿지스
10. 경건한 여인 ··· 라일라 스팍스

11. 전도를 즐기는 삶 (영문판: A Life That Enjoys Evangelism) ····· 하진승
12. 섬김을 위한 부르심 ··· 레이 호
13. 정 직 ··· 헬렌 애쉬커
14. 그리스도를 닮아감 ··· 짐 화이트
15. 최후의 승리를 얻기까지 ··································· 월터 헨릭슨

16. 전도의 열정 ·· 로버트 콜만
17. 영적인 의지력 ·· 제리 브릿지스
18. 사고방식의 변화 ·· 조지 산체스
19. 대인 관계의 성서적 지침 ·································· 조지 산체스
20. 말씀의 손 예화 ·· 네비게이토

21. 열 심 (영문판: ZEAL) ··· 하진승
22. 원만한 결혼 생활 ······························· 잭 & 캐롤 메이홀
23. 조지 뮐러 ··· A. 심즈
24. 말씀 중심의 삶 ·· 하진승
25. 주제별 성경 암송 제1권 ·· 네비게이토

26. 주제별 성경 암송 제2권 ·· 네비게이토
27. 주제별 성경 암송 제3권 ·· 네비게이토
28. 서로 돌아보아 ·· 하진승
29. 양 육 ··· 네비게이토
30. 경건이란 무엇인가 ··· 제리 브릿지스

31. 권위와 복종 ·· 론 쎄니
32. 고난 중 도우시는 하나님 ·································· 샌디 에드먼슨
33. 기도의 특권을 누리자 ··· 하진승
34. 은혜로운 말 ·· 캐롤 메이홀
35. 하나님을 의뢰함 ·· 제리 브릿지스

36. 친밀한 부부 관계의 원리 ······························· 짐 & 제리 화이트
37. 배우는 자로 살자 (영문판: Live as a Learner) ··················· 하진승
38. 합력하여 선을 이루시는 하나님 ···················· 리처드 크렌즈
39. 고난 중의 소망 ·· 덕 스팍스
40. 청년의 시기를 어떻게 보낼 것인가 (영문판: How to Live Out Our Youth) ··· 하진승

✱ 네비게이토 소책자 시리즈 ✱

41. 약속을 주장하는 삶 ········· 덕 스팍스
42. 경건의 시간을 갖는 법 ········· 워렌 & 룻 마이어즈
43. 개인의 중요성 ········· 론 쩨니
44. 헌 신 ········· 로버트 보드만
45. 내가 배운 교훈들 ········· 오스왈드 샌더스

46. 하나님의 말씀은 ········· 하진승
47. 현숙한 여인 ········· 신시아 힐드
48. 어떻게 친구를 사귈 것인가 ········· 제리 & 메리 화이트
49. 외로움을 느낄 때 ········· 엘리자베스 엘리엇
50. 하나님께서는 당신의 직업을 귀히 여기신다 ········· 셔먼 & 헨드릭스

51. 자녀의 자부심을 키워 주는 법 ········· 게리 스몰리 & 존 트렌트
52. 직장 생활에서 낙심될 때 ········· 덕 셔먼
53. 스트레스를 다루는 법 ········· 단 워릭
54. 서로 의견이 엇갈릴 때 ········· 잭 & 캐롤 메이홀
55. 그리스도인의 삶의 올바른 동기 ········· 하진승

56. 나를 기뻐하시며 사랑하시는 하나님 ········· 룻 마이어즈
57. 제자삼는 삶의 동력력 ········· 짐 화이트
58. 기도 - 보이지 않는 적과의 싸움 ········· 제리 브릿지즈
59. 효과적인 간증 ········· 데이브 도슨
60. 감격하며 살아야 할 그리스도인 ········· 하진승

61. 믿음의 경주 ········· 잭슨 양
62. 사도 바울의 영적 지도력 ········· 오스왈드 샌더스
63. CARE (서로 보살피는 부부) ········· 하진승
64. 참 특이한 기도 (PPP : Pretty Peculiar Prayers) ········· 하진승
65. 모세의 순종 ········· 웡킴톡

66. 상급으로 주신 자녀 ········· 하진승
67. 하나님께서 쓰시는 사람 ········· 월터 헨릭슨
68. 기도의 본 ········· 워렌 & 룻 마이어즈
69. 다윗의 한 가지 소원 ········· 조이스 터너
70. 생명을 구하는 삶 ········· 피터스 & 드렐젤드

71. 순종의 축복 ········· 마르다 대처
72. 참 좋으신 하나님 아버지 ········· 리로이 아임스
73. 하늘에 보물을 쌓는 삶 ········· 잭 메이홀
74. 거룩 : 하나님께 성별된 삶 ········· 헬렌 애쉬커
75. 가정의 중요성 (영문판 : Importance of Home & Family) ········· 하진승

76. 날마다 제 십자가를 지고 (영문판 : Taking Up the Cross Daily) ········· 하진승
77. 제자의 올바른 태도 ········· 론 쩨니
78. 주님의 부르심을 따라가는 삶 ········· 하진승
79. 견고하게 평생 지속해야 할 일 ········· 하진승

헌 신

1993년 4월 20일 초판 1쇄 발행
2009년 3월 10일 개정 1쇄 발행
2024년 3월 25일 개정 8쇄 발행

펴낸곳: 네비게이토 출판사 ⓒ
주소: 03784 서울시 서대문구 연희로 16 (창천동)
전화: 02) 334-3305(대표), 334-3037(주문), FAX: 334-3119
홈페이지: http://navpress.co.kr
출판등록: 제10-111호(1973년 3월 12일)
ISBN 978-89-375-0350-4 02230

본 출판사의 서면 허락 없이는 본서의 전부 또는
일부의 무단 복제, 또는 원문에 대한 무단 번역을 금합니다.